VENHAM CEAR COMIGO

Catequese de Iniciação Eucarística II

Catequizando

Coleção Deus Conosco

VENHAM CEAR COMIGO

Catequese de Iniciação Eucarística II

Catequizando

Lydia das Dores Defilippo
Lucimara Trevizan
Fausta Maria Miranda
Pe. Almerindo Silveira Barbosa

EDITORA VOZES

Petrópolis

© 1990, 2022, Editora Vozes Ltda.
Rua Frei Luís, 100
25689-900 Petrópolis, RJ
www.vozes.com.br
Brasil

40ª edição, 2022.

4ª reimpressão, 2025.

Todos os direitos reservados. Nenhuma parte desta obra poderá ser reproduzida ou transmitida por qualquer forma e/ou quaisquer meios (eletrônico ou mecânico, incluindo fotocópia e gravação) ou arquivada em qualquer sistema ou banco de dados sem permissão escrita da editora.

CONSELHO EDITORIAL

Diretor
Volney J. Berkenbrock

Editores
Aline dos Santos Carneiro
Edrian Josué Pasini
Marilac Loraine Oleniki
Welder Lancieri Marchini

Conselheiros
Elói Dionísio Piva
Francisco Morás
Teobaldo Heidemann
Thiago Alexandre Hayakawa

Secretário executivo
Leonardo A.R.T. dos Santos

PRODUÇÃO EDITORIAL

Anna Catharina Miranda
Eric Parrot
Jailson Scota
Marcelo Telles
Mirela de Oliveira
Natália França
Priscilla A.F. Alves
Rafael de Oliveira
Samuel Rezende
Verônica M. Guedes

Projeto gráfico e diagramação: Ana Maria Oleniki
Revisão: Alessandra Karl
Ilustrações: João Paulo de Melo
Capa: Ana Maria Oleniki

ISBN 978-65-5713-538-9

Este livro foi composto e impresso pela Editora Vozes Ltda.

SUMÁRIO

APRESENTAÇÃO, 7

O GRANDE AMOR DE JESUS POR NÓS

1. Amigos e irmãos, 11
2. O caminho da comunhão: ser peregrino no amor, 14
3. A ceia pascal de Jesus, 18
4. Jesus dá a vida por seus amigos, 22
5. Jesus ressuscitado caminha conosco!, 27
6. Celebração da Páscoa: "Ressurreição: alegria que transforma nossa vida!", 30

CAMINHAMOS NA ESTRADA DE JESUS

7. Somos Igreja, comunidade de amigos de Jesus, 34
8. Ser Igreja: semear a esperança!, 37
9. Sacramentos: a vida é cheia de graça!, 40
10. Batismo: entrada na comunidade de Jesus, 45
11. Ser batizado: testemunhar a alegria, 48
12. Dar a vida pela fé, 51
13. Como "cristão", em que acredito?, 56
14. Celebração: renovação das promessas do batismo, 59

ESCOLHER O CAMINHO DO AMOR E DO PERDÃO

15. O jovem que recusou seguir Jesus, 64
16. O bem e o mal estão aí: podem escolher!, 67
17. O encontro de Jesus com os pecadores, 71
18. O amor de Deus é sem medida, 74
19. Um coração cheio de amor, 77
20. Celebração da Reconciliação, 79

JESUS O PÃO DA VIDA

21. Façam isto para celebrar a minha memória, 84
22. Tornar-se pão, 87
23. Preparem a Ceia do amor e do serviço, 90
24. Jesus é o Pão da vida, 93
25. A celebração da Eucaristia, 96
26. O espaço litúrgico, 99
27. Vivência eucarística, 102

ANEXOS

ANEXO 1: Natal: boa notícia de Deus para a humanidade!, 106

ANEXO 2: Eis-me aqui!, 109

ANEXO 3: Celebração em Família: Em preparação à Eucaristia, 112

ORAÇÕES, 114

Apresentação

Querido(a) catequizando(a)!

Vamos caminhar juntos com Jesus e acompanhá-lo na sua paixão, morte e ressurreição. Também compreender o sentido disso para nossa vida. Jesus é um amigo capaz de dar a vida por seus amigos.

Na Igreja, comunidade dos amigos de Jesus, somos chamados a ser sinal do Reino de Deus e, assim, trilhar sempre o caminho do amor e do perdão.

Jesus é o pão da vida e te convida a cear com Ele. É um convite a tornar-se "pão", ser seu seguidor sendo alimento de fraternidade, perdão, bondade, no mundo que precisa de alegria e de amor.

Jesus está sempre à espera de sua resposta.

Os autores

Nossa catequese

Data

Horário

Local

O grande amor
→ de Jesus por nós

AMIGOS E IRMÃOS

Bendito seja Deus que nos reuniu no amor de Cristo.

Na catequese somos convidados a responder ao convite de Jesus, que nos diz: "Venham cear comigo". Os nossos amigos, durante os encontros catequéticos, irão nos ajudar a conhecer, refletir, vivenciar o que significa cear com Jesus, comungar o pão e o vinho na Ceia de Jesus e dos cristãos. Assim, vamos juntos, durante os encontros, aprender como podemos crescer no amor e na comunhão com Deus e com os irmãos.

1. Deus nos reúne na catequese. Foi Ele quem nos chamou a trilhar o caminho do amor com seu Filho Jesus. Ele está feliz com sua participação. Escreva o que você espera desses encontros da catequese.

_____

_____

_____

2. Como você pode colaborar para que os encontros catequéticos sejam lugar de amizade com seus amigos e com Jesus?

_____
_____
_____
_____
_____
_____

▶ Agora, observe as suas respostas e pinte as atitudes que você reconhece que precisa praticar na convivência com seu grupo de catequese.

3. Escreva em cada dedo da mão uma qualidade que faz de você um bom amigo.

12

Nós nos tornamos um grupo, uma comunidade. Vamos dar graças a Deus que nos chamou a ser comunidade e nos reuniu no amor de Jesus Cristo, nesta caminhada na catequese, em que podemos sentir o seu amor e o valor da amizade.

1. Senhor Deus, nós te damos graças pela alegria deste encontro de irmãos.

Todos: Bendito seja Deus que nos reuniu no amor de Cristo!

2. Damos graças, querido Deus, pela companhia e pela amizade que nos une.

Todos: Bendito seja Deus que nos reuniu no amor de Cristo!

3. Querido Deus, queremos crescer no amor, na comunhão, na fraternidade.

Todos: Bendito seja Deus que nos reuniu no amor de Cristo!

Pai nosso...

2 O CAMINHO DA COMUNHÃO: SER PEREGRINO NO AMOR

Eu sou o caminho, a verdade e a vida. (Jo 14,6)

A catequese nos convida a percorrer o caminho de Jesus, que nos diz: "Eu sou o caminho, a verdade e a vida" (Jo 14,6). Por isso é importante conhecer Jesus e perceber em sua vida, morte e ressurreição o que Ele nos mostra: Deus nos ama. Viver em intimidade com Ele nos ajuda a compreender o caminho do amor e da comunhão que traz vida nova para nós mesmos e para os outros. Seguindo Jesus e seus ensinamentos nos tornamos peregrinos do amor, ajudando a transformar dor em alegria e promovendo a vida nova.

1. **Circule as atitudes que você já está aprendendo a viver no caminho da comunhão e do amor, que é o caminho de Jesus.**

2. **Desenhe um acontecimento da sua vida em que você colocou em prática uma dessas atitudes. Depois partilhe com seus amigos da catequese.**

3. **Ser peregrino no amor é viver aprendendo a amar mais a cada dia.**

    ▶ Na sua opinião, por que falta amor no mundo?

    _____
    _____
    _____
    _____
    _____
    _____

▶ Escreva um bilhete (ou cartão, ou uma mensagem de celular) para uma pessoa que você ama, falando do seu amor por ela. Depois compartilhe com o seu grupo de catequese e conversem sobre a importância das mensagens para quem as recebe.

Disse Jesus certa vez: "Minhas ovelhas ouvem a minha voz; eu as conheço e elas me seguem" (Jo 10,27). Com confiança de que Jesus nos conhece e nos chama, nos quer no seu caminho e ouve a nossa voz, vamos nos dirigir a Ele pedindo:

Todos: Senhor, permanece conosco a cada passo do caminho!

Meninas: Fica conosco, Jesus, contagia-nos sempre com o teu amor!

Todos: Senhor, permanece conosco a cada passo do caminho!

Meninos: Permite-nos, querido Jesus, dar passos firmes com coragem, enfrentando as dificuldades, as decepções, os sofrimentos que a vida nos apresenta.

Todos: Senhor, permanece conosco a cada passo do caminho!

Meninas: Permanece conosco, Senhor, ao nosso lado. Guia-nos com tua mão, para darmos passos, crescendo na vivência da comunhão, da amizade e da fraternidade.

Todos: Senhor, permanece conosco a cada passo do caminho!

Rezemos juntos: Senhor Jesus, nós cremos que és o caminho, a verdade e a vida. Dá-nos coragem de mudar e crescer sempre, para que possamos ser para os outros aquilo que Tu nos chamaste a ser: sinal do Teu amor. Amém.

A CEIA PASCAL DE JESUS

Fazei isto em memória de mim. (Lc 22,19b)

Jesus sempre estava ao redor da mesa, partilhando as refeições com os discípulos, mas a última ceia pascal foi especial. Ao partir o pão e passar o cálice, Jesus pediu que se recordassem dele toda vez que comessem ou bebessem juntos. Os gestos realizados por Jesus nos ajudam a compreender que Ele se colocou a serviço de todos, oferecendo sua vida para que o Reino de Deus se realizasse.

Em torno da mesa os seguidores de Jesus se reconhecem como verdadeira comunidade, sinal do Reino de Deus. Para os cristãos, celebrar a Páscoa é fazer memória da última ceia e da ressurreição de Jesus, a passagem da morte para uma vida nova.

1. **Leia atentamente o depoimento da Fabiana sobre como sua família vivia a Páscoa e depois responda às perguntas.**

A PÁSCOA EM FAMÍLIA

Lucimara Trevizan

A Fabiana, que hoje é adulta, diz que foi uma menina muito espevitada, que tinha pai, mãe e outra irmã. Morava no interior de Minas Gerais, em uma cidade cercada de montanhas por todos os lados.

Fabiana conta que desde pequena se acostumou com o fato de que fazia parte de uma grande família, com vários tios, primos e avós. Ela amava passar todas as férias da escola no sítio da família de sua mãe, com os avós, tios e primos. Sua avó Francisca passava o dia ao redor do fogão a lenha, preparando a comida para a família toda. Seu avô Ângelo costumava sentar na varanda toda tarde e contava histórias dos antigos, pessoas da família que já não mais viviam e também casos engraçados. E era muito bom escutar essas histórias.

Mas, o que Fabiana mais amava era a reunião de toda a família que acontecia no sítio, na Páscoa. Alguns tios e primos moravam longe, mas vinham todos para

o encontro na Páscoa. Todas as tias e a mãe, junto com a avó, se reuniam um dia antes para preparar os ingredientes do almoço do domingo da Páscoa. Os homens arrumavam uma grande mesa no rancho em torno da qual todos se sentavam durante o almoço. No sábado, iam todos na Vigília Pascal, na igreja matriz da paróquia, na cidade, celebrar a Páscoa.

Fabiana diz que no domingo da Páscoa havia o almoço, simples e saboroso, com o que tinha de melhor no sítio. Para Fabiana era um banquete; porém, ela conta que o melhor mesmo era o encontro da família. Havia muito riso, histórias engraçadas, alguns primos menores que corriam atrás dos maiores. Durante e após o almoço era a hora de partilhar como cada um estava, as dificuldades e alegrias. Tudo isso misturado com o bom humor e alegria de estar junto.

Para Fabiana o tempo passou, os avós e alguns tios já faleceram. No entanto, a Páscoa para ela é sempre sinal de encontro, de saudade, sempre sinal de alegria. O ovo de Páscoa só recentemente ganhou lugar nos encontros da família. Para ela Páscoa é isso: a vida que se renova ao redor da mesa, o amor que é alimentado pela convivência, pela partilha e pela saudade.

2. Por que para a Fabiana o encontro da família era tão importante na Páscoa?

3. Fabiana e sua família partilhavam a vida ao redor da mesa, além do alimento. Você acha isso importante? Por quê?

4. O gesto que Jesus mais fazia era partir o pão nas refeições com os discípulos. Escreva na toalha da mesa as atitudes e qualidades que você tem para partilhar com os irmãos e com Jesus.

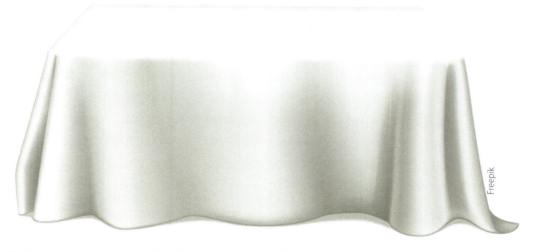

5. Imagine que você estava naquela última ceia de Jesus e viu tudo. O que gostaria de dizer para Jesus?

_____
_____
_____
_____
_____

Querido Jesus,
Hoje fizemos memória da Tua última ceia pascal.
Descobrimos que você gostava de partilhar as refeições e a vida com teus amigos.
Nosso coração sedento de amor também quer participar da Tua ceia, a Eucaristia.
Tua mesa é sinal de partilha, é mesa da festa, do afeto e da comunhão.
Faz de nós, teus amigos, pessoas que partilham o pão para que não haja fome no mundo. Abraça nossa fragilidade e não nos abandone.
Toma-nos pela mão e nos conduza a uma vida fraterna e feliz. Amém.

JESUS DÁ A VIDA POR SEUS AMIGOS

Ninguém tem maior amor do que aquele que dá a vida por seus amigos. (Jo 15,13)

Para os cristãos a cruz é símbolo da paixão e morte de Jesus. Ela significa a vida de amor e doação de Jesus. Também lembra as nossas dificuldades, as cruzes que as pessoas carregam. A cruz marca nossa identidade de cristãos. E significa mais: a cruz é símbolo da vida que vence a morte.

Jesus foi perseguido e assassinado porque pregou e viveu a bondade, a solidariedade, a compaixão, o amor, a justiça. Ele foi morto porque nos amou até o fim. Mas, Jesus ressuscitou! A Páscoa é a Ressurreição de Jesus. Ele está vivo no nosso meio.

O significado da palavra PÁSCOA continua sendo PASSAGEM, mas com um sentido novo, passagem da morte para a vida, uma VIDA NOVA com Jesus. Celebrar a Páscoa é acreditar que Jesus vive e que a vida vence a morte, e o amor de Deus é sempre maior.

1. **Você conhece algum símbolo da Páscoa? Comente.**

_____
_____
_____

Os **sinos** tocando festivos representam nossa alegria pela Páscoa.

▶ E por que mesmo estamos tão alegres?

_____
_____
_____

A grande vela acesa, o **Círio Pascal**, que vemos nos altares das igrejas – a vela tem o fogo que ilumina e aquece – representa a vida de Jesus que é a Luz do mundo.

▶ Explique com suas palavras o que representa a vela como símbolo da Páscoa.

_____
_____
_____
_____
_____
_____

23

O **cordeirinho**, que vemos desenhado nas portas ou nos altares das igrejas, pela sua doçura, representa Jesus, que deu sua vida por amor.

▶ Explique por que o cordeirinho é usado como símbolo Pascal.

_____
_____
_____

▶ Quais outros símbolos da Páscoa conhecemos? Pesquise o significado dos símbolos citados nos quadros.

Girassol	Ovos da Páscoa
Pão e vinho	

2. Escreva uma atitude que você se compromete a viver e que será sinal de ressurreição, de luz, na vida do mundo ou da família, ou ainda, com seus amigos.

_____
_____
_____

3. **Você sabia que a Páscoa tem um tempo de preparação que chamamos de Quaresma? São 40 dias em que os cristãos refletem a vida de Jesus, seus gestos e sua mensagem. A última semana antes da Páscoa, chama-se Semana Santa.**

▶ O que celebramos nesta semana que vai do Domingo de Ramos até a Páscoa? Complete as informações, descrevendo o que acontece a cada dia.

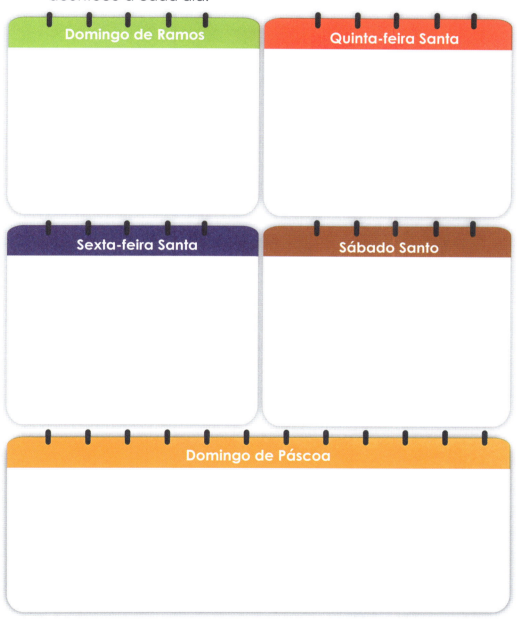

Conte para Jesus como você quer ser Luz na vida da família, no mundo, com os amigos, na escola. Aproveite o espaço para dizer que o ama muito e quer ser cada vez mais parecido com Ele, amando sempre mais. Depois use sua criatividade para decorar o seu texto.

5. JESUS RESSUSCITADO CAMINHA CONOSCO!

Não nos ardia o coração ao ouvir o que ele nos dizia pelo caminho? (Lc 24,32)

Após a morte de Jesus, os discípulos perderam a esperança e o entusiasmo que tinham durante o tempo em que conviveram com Ele. Encontramos no Evangelho de Lucas um texto que narra o que aconteceu com dois discípulos que iam de Jerusalém para o povoado de Emaús, desanimados e tristes quando um estranho se aproximou deles e lhes questionou sobre o que estava acontecendo. Eles o responderam narrando os fatos do que se passou com Jesus. Após ouvi-los, o desconhecido recordou com eles o que diziam as escrituras. Depois, ao pararem no caminho para cear, o desconhecido abençoou e partiu o pão e foi aí que os discípulos reconheceram que se tratava de Jesus caminhando com eles.

Robert Zünd (-1909)

Mas, após o reconhecerem, Ele desapareceu de suas vistas; no entanto, essa experiência fez com que os discípulos percebessem que a memória de Jesus fazia parte de suas vidas, estava dentro deles e ninguém poderia arrancá-la de seus corações. Isso é suficiente para seguirem em frente assumindo a missão que Ele deixou. E é o que faremos toda a vida: caminhar na estrada de Jesus.

Que a Palavra de Deus abra nossos olhos e nos ajude a reconhecer que Jesus é o Filho de Deus, que Ele é o Senhor ressuscitado que caminha ao nosso lado. Que possamos reconhecê-lo também na celebração da Eucaristia.

1. Complete as frases usando o banco de palavras:

comunidade - Palavra de Deus - Eucaristia - fraterno

Jesus está presente na _____.

Jesus está presente na "fração do pão", isto é, na _____.

Jesus está presente na _____, compartilhando sua vida e esperança de um mundo mais _____.

2. Jesus ressuscitado caminha conosco, seja nos momentos alegres ou nos momentos tristes, nos dando confiança e nos ajudando a enxergar melhor o significado da vida. Em que momentos você reconhece a presença de Jesus na sua vida? Comente.

_____
_____
_____
_____
_____
_____
_____
_____
_____

 Coloquemos no coração de Deus nossas preces.

1. Assim como os discípulos de Emaús também estamos caminhando. Fica conosco, Senhor, quando estivermos tristes e com saudades das pessoas que amamos.
   (Em silêncio vamos lembrar os nomes das pessoas que amamos e já não estão mais perto de nós.)
2. Aquece nosso coração, Senhor, para que sintamos tua presença em nossa vida.
3. Abre nossos olhos, Senhor, para te reconhecer naqueles que mais sofrem.
4. Abre nossos ouvidos, Senhor, para ouvir tua Palavra e sempre te seguir.
5. Ensina-nos a partilhar o pão e a vida em nossa caminhada. Permanece conosco, Senhor!
6. Fica conosco, Senhor, Tu que és o caminho, a verdade e a vida.

   Pai nosso...

CELEBRAÇÃO DA PÁSCOA
6 RESSURREIÇÃO: ALEGRIA QUE TRANSFORMA NOSSA VIDA!

Meu Senhor e meu Deus! (cf. Jo 20,28)

 **Acolhida**

Catequista: Em nome do Pai e do Filho e do Espírito Santo.

Todos: Amém!

Catequista: Estamos aqui, hoje, para celebrar a Ressurreição de Jesus, a Páscoa do Senhor! É um momento de muita alegria, pois cremos que Jesus está vivo, no meio de nós. Vamos recordar, agora, um dos momentos em que Jesus aparece aos discípulos, demonstrando a eles, que venceu a morte e permanece no meio deles, de um modo diferente, mas, com certeza, vivo e vencedor.

Todos: Bendito seja Deus que nos reuniu no amor de Cristo.

2 Proclamação da Palavra

Catequista: Ouçamos mais uma passagem do Evangelho que narra uma aparição de Jesus aos discípulos, depois de sua Ressurreição. Tomé não acreditou no que os outros discípulos contaram a ele e duvidou que Jesus estava vivo.

Aclamação da Palavra: Canto à escolha.

Evangelho de Jo 20,19-29

Narrador: Estamos aqui, reunidos, como os discípulos estavam após a morte de Jesus. Ele já havia estado com eles, em outra ocasião. Os discípulos ficaram muito felizes e contaram a Tomé, que não estava com eles naquele momento.

Todos: "Vimos o Senhor"! (Jo 20,25a)

Narrador: Tomé não acreditou.

Tomé: "Se eu não vir a marca dos pregos em suas mãos, se eu não puser o dedo nas marcas dos pregos, se eu não puser a mão no seu lado, não acreditarei" (Jo 20,25b).

Narrador: Oito dias depois, os discípulos encontravam-se reunidos na casa, e Tomé estava com eles. Estando as portas fechadas, Jesus entrou, pôs-se no meio deles e disse: (Jo 20,26).

Jesus: "A paz esteja convosco" (Jo 20,26).

Narrador: Depois disse a Tomé:

Jesus: "Põe o teu dedo aqui e olha as minhas mãos. Estende a tua mão e coloca-a no meu lado e não sejas incrédulo, mas crê!" (Jo 20,27).

Narrador: Tomé respondeu:

Tomé: "Meu Senhor e meu Deus!" (Jo 20,28).

Narrador: "Bem-aventurados os que não viram, e creram" (Jo 20,29).

Reflexão

Catequista: Tomé não acreditou nos companheiros, quando disseram: "Vimos o Senhor"! Ele mesmo queria ver, sentir a presença de Jesus, experimentar a alegria de vê-lo pessoalmente.

Todos: Meu Senhor e meu Deus!

Catequista: Tomé não precisou tocar Jesus, como dissera antes, mas, sentindo a presença do Mestre, o reconheceu imediatamente. E responde com a profissão de fé mais maravilhosa de todo o Novo Testamento.

Todos: Meu Senhor e meu Deus!

Catequista: Para sentir a presença de Jesus, é preciso encontrá-lo no contato diário com as pessoas. É por meio de convivência pacífica e bondosa, que dedicamos uns aos outros, que podemos perceber Jesus, vivo, no nosso meio e dizer como Tomé:

Todos: Meu Senhor e meu Deus!

Música

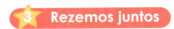 **Rezemos juntos**

Meninos: Faze, Senhor, que a nossa alegria pela tua ressurreição, nos torne capazes de contagiar as pessoas, com quem convivemos, nós te pedimos...

Todos: Fica conosco, Senhor!

Meninas: Permanece conosco, Senhor; para que, a cada dia, nos tornemos mais parecidos contigo. Nós te pedimos...

Todos: Fica conosco, Senhor!

Catequista:

Jesus querido, temos motivos de muitas alegrias em nossa vida:
o teu amor por nós, que nos dá coragem para viver;
a tua presença, que nos fortalece nos momentos de dificuldades e sofrimento;
a tua Palavra que nos dá confiança e esperança.
Fica conosco, Senhor!

Todos: Amém!

 **Bênção final**

Catequista: Abençoe-nos, ó Deus, cheio de amor e compaixão: o Pai, o Filho e o Espírito Santo. Amém!

Caminhamos na
→ estrada de Jesus

7 SOMOS IGREJA, COMUNIDADE DE AMIGOS DE JESUS

Não vos conformeis com este mundo... (cf. Rm 12,2a)

Somos Igreja, comunidade de irmãos, amigos e seguidores de Jesus que acreditam ter como missão agir para que o mundo seja cada vez melhor para viver. Como Igreja agimos no mundo, dando o nosso melhor, vivendo como irmãos que se amam, como Jesus pediu. Como Igreja, juntos, somos mais fortes e podemos remover os obstáculos ao amor, ajudando a promover a paz, o respeito, a justiça.

Você sabe porque a palavra Igreja é escrita com letra minúscula e maiúscula?

A palavra IGREJA tem dois significados. Quando eu estou falando da igreja = templo, casa, onde os cristãos se reúnem para rezar e celebrar, escrevo com letra minúscula. Se estou falando de Igreja = povo de Deus, comunidade dos amigos e seguidores de Jesus, escrevo com letra maiúscula.

1. **Nossa comunidade paroquial contribui para ajudar o mundo a ser um lugar melhor para as pessoas viverem. O que você sabe sobre ela e o que faz? Responda as perguntas:**

    a. O nome da sua comunidade paroquial?

    b. Como é o nome do(a) padroeiro(a) da sua comunidade?

    c. O nome de seu pároco (padre encarregado da administração da Paróquia)?

    d. Pesquise:

    » Nome da pastoral que cuida das crianças e o que faz.

    _____
    _____
    _____

    » Nome da pastoral que cuida dos idosos e o que faz.

    _____
    _____
    _____

    » Nome da pastoral que cuida da saúde e o que faz.

    _____
    _____
    _____
    _____

2. Escolha três atitudes para realizar durante a semana que mostre para todos que você é Igreja, caminhando na estrada de Jesus. Escreva aqui este compromisso.

_____

_____

_____

Senhor Jesus,

Queremos ser Igreja, irmãos e irmãs caminhando juntos, uns amparando os outros, na certeza que Tu estás vivo e ressuscitado junto de nós. Por isso, apresentamos alguns pedidos.

FORTALECEI a nossa fé, para que possamos viver de acordo com a vontade do Pai, te pedimos...

Todos: Que teu amor seja força e alimento na caminhada.

FAZEI com que não nos afastemos do propósito de estar sempre do lado da verdade, sendo sempre sinceros no nosso falar e agir, te pedimos...

Todos: Que tua luz ilumine o nosso caminho.

ENCORAJAI-NOS diante das dificuldades, sofrimentos e decepções, que sempre vão aparecer em nossa vida, te pedimos...

Todos: Que tua presença seja o nosso escudo e proteção!

ZELAI por nós, quando a tristeza, o desânimo e a incerteza dificultarem a caminhada, te pedimos...

Todos: Curai o nosso coração, derramando, sobre nós, a tua Graça!

SER IGREJA: SEMEAR A ESPERANÇA!

Transbordar em vós a esperança. (cf. Rm 15,13)

A esperança que nos move a viver é uma chama teimosa que nos faz acreditar no melhor. *Os cristãos são chamados a "transbordar de esperança"*, que significa nunca desanimar, nunca desistir. É missão dos cristãos, neste mundo, ser sinal de esperança, ajudando as pessoas a perceberem que é bom viver, a sair da amargura, a descobrirem que lutar e trabalhar pelo seu bem e do próximo é uma forma de amar e tornar o mundo melhor, mesmo diante das dificuldades.

A Igreja semeia a esperança quando acolhe, escuta, cuida das pessoas e as ajuda a agir para tornar o mundo o lugar melhor que Deus quer para nós.

1. Você conhece a história de uma pessoa que semeia a esperança? Comente.

2. Para você, no mundo há mais esperança ou amargura e desânimo? Por quê?

3. O que você pode fazer para que haja mais esperança na vida da sua família, dos seus amigos?

4. Escreva qual é a sua maior esperança para a vida.

5. **Procure saber como sua comunidade paroquial está ajudando as pessoas a terem esperança e escreva.**

_____
_____
_____
_____
_____
_____
_____
_____
_____
_____

Querido Jesus,
Cheios de esperança viemos pedir que permaneças presente no nosso grupo de catequese. Que conservemos as mãos unidas, crescendo na amizade, na alegria, na confiança uns dos outros.

Querido Jesus, queremos ser mensageiros da esperança, semear o perfume da esperança, sobretudo para os que mais sofrem.

Queremos ajudar as pessoas a acreditarem que a vida é muito mais, que o melhor irá surgir. E isso cremos porque és nosso amigo.

É muito bom viver, amar, sonhar, acreditar, ter esperança.

Conte conosco, como seus amigos para "transbordar de esperança" no meio do mundo. Amém!

SACRAMENTOS: A VIDA É CHEIA DE GRAÇA!

Fortalece-te na graça que há em Cristo Jesus. (2Tm 2,1)

Toda a criação é Sacramento de Deus. Jesus é Sacramento de Deus. A Igreja é Sacramento de Cristo porque evidencia a presença dele que nos acompanha e revela a graça de Deus, marcando os momentos importantes da nossa vida com os sacramentos da fé, que são sinais da presença de Jesus em nosso meio, a força especial que Ele nos oferece para nos fortalecer e nos ajudar a lembrar que a vida está cheia da graça de Deus.

Vejamos em que momentos de nossa vida podemos reconhecê-los presentes.

OS SACRAMENTOS E AS FASES DA VIDA HUMANA

FASES DA VIDA	OS SACRAMENTOS NOS MOMENTOS IMPORTANTES DA VIDA
1. Nascemos para o mundo. Dependemos de outros para crescer.	**1. Batismo:** Desdobra esta dependência como dependência de Deus, nos faz irmãos de Jesus, membros da sua Igreja.
2. Crescemos e fazemos escolhas.	**2. Crisma:** Tornamo-nos adultos na fé, testemunhas do Cristo no meio do mundo.
3. Alimentamo-nos para ter saúde e ficar fortes. Alimentamos nossa vida física.	**3. Eucaristia:** Alimenta-nos e nos fortalece. Alimentamos nossa vida espiritual.

4. Brigamos e ofendemos as pessoas e nos afastamos delas. Pedimos perdão e fazemos as pazes.

4. Penitência ou confissão: Rompemos com o amor e nos afastamos de Deus e dos irmãos. Pedimos perdão a Ele e voltamos para junto d'Ele. Ao longo da vida somos perdoados pela Confissão.

5. Ficamos doentes. Precisamos de remédio para recuperar a saúde.

5. Unção dos enfermos: Precisamos de força para vencer a doença. Jesus nos conforta e nos cura.

6. O homem assume serviços na comunidade. Decide viver uma vocação, um serviço.

6. Ordem: O homem assume um serviço na Igreja – torna-se sacerdote dela. Deus nos chama para servir a sua Igreja por meio das pessoas.

7. Formamos uma família.

7. Matrimônio: Formamos uma família, com a bênção de Deus.

Todos os sete sacramentos vêm de Jesus e conduzem a Ele. A pessoa que recebe os sacramentos, porém, deve ter fé. Só assim é possível compreender o significado desses sinais e possuir a força (= graça) de Deus. Quando o cristão recebe um dos sacramentos, com fé, ele recebe o próprio Deus. Deus age em cada um de nós pelos sacramentos!

1. Leia a história da Thaís e depois faça o que é solicitado.

A MENINA QUE ENXERGAVA O QUE OS OUTROS NÃO VIAM

Lucimara Trevizan

Thaís era uma menina que cresceu com os olhos que enxergavam coisas que os outros não viam. Ela desconfiava que era porque amava muito. O que Thaís amava? Ela amava a casa da avó Carolina. Lá adorava brincar com o gato Paçoca, que mesmo desconfiado, gostava do carinho dela. Thaís amava o cheiro da manhã com o perfume do café que a avó fazia. Amava também a comida da avó. Ah! Adorava a montanha que havia acima da casa da avó Carolina, sem falar no gigante pé de manga ao lado da

casa. Claro que Thaís amava os pais, os amigos, mas as mais doces lembranças eram da casa de sua avó.

Quando cresceu e ficou adulta, continuou a enxergar coisas que os outros não viam. Na casa da avó não havia mais avó, nem avô, nem João, o gato não estava mais por lá. Porém, era uma casa cheia de lembranças. A caneca que a avó mais gostava de tomar água, o fogão à lenha onde ela cozinhava, o cheiro do pé de manga madura, o barulho do vento, a montanha... tudo ali era mais do que coisas, tudo a fazia recordar das pessoas que amava e não mais estavam ali. E a saudade era imensa, do mesmo tamanho do amor que sentia.

Seus pais e seus amigos diziam que ela era exagerada. Mas Thaís aprendeu que o mundo é cheio de mistérios e há coisas que são mais do que coisas, pois elas despertam saudades e fazem brotar a memória do amor e o desejo do reencontro.

a. Por que Thaís é uma menina que enxergava o que os outros não viam?

_____
_____
_____
_____

b. Para Thaís o que significa dizer que as coisas são mais do que coisas?

_____
_____
_____
_____
_____

2. **Anote quais são os objetos que te despertam saudades e trazem o desejo de reencontro com quem você ama e está distante.**

   _____   _____

   _____   _____

   _____   _____

   _____

3. **Ouça seu catequista e depois faça o que se pede.**

   a. O que é um sacramento?

   b. O que faz um sacramento na vida de uma pessoa?

   c. Em que a história de Thaís nos ajuda a compreender a importância dos sacramentos em nossa vida?

   d. Muitas coisas te despertam saudade e o desejo de rever quem você ama. O que te faz lembrar de Jesus?

Catequista: Jesus querido, queremos te falar da nossa alegria diante de tua presença no meio da gente. Nascemos e, logo, logo, a nossa família nos carrega no colo, para nos levar ao nosso primeiro encontro contigo: o nosso BATISMO. Com ele nos tornamos Igreja.

Todos: Fica sempre conosco, Jesus!

Leitor 1: Jesus querido, crescemos, nos tornamos jovens. Mais um sacramento, a CRISMA: confirmamos nosso Batismo, optamos por ser sua testemunha no meio do mundo.

Todos: Seja a nossa força na caminhada, Jesus!

Leitor 2: Jesus querido, precisamos de alimento para fortalecer a nossa vida espiritual: Tu te tornas nosso alimento, a EUCARISTIA.

Todos: Dá-nos sempre deste Pão, Jesus!

Leitor 3: De vez em quando, nos afastamos de ti e nos sentimos perdidos e doentes. Teu amor nos cura e reconduz ao caminho: a PENITÊNCIA.

Todos: Queremos ser abraçados por ti, Jesus!

Leitor 4: Nosso corpo frágil adoece. Tu nos unges com a UNÇÃO DOS ENFERMOS, nos confortando e se tornando força neste momento difícil.

Todos: Unge-nos com tua força, Jesus!

Leitor 5: O Sacramento da ORDEM unge pessoas para que vivam a reconciliação e as consagra no serviço da comunidade.

Todos: Dá-nos presbíteros para o serviço da Igreja, Jesus!

Leitor 6: Queremos evidenciar a presença de Deus, que une duas pessoas em MATRIMÔNIO.

Todos: Ajuda-nos a nos tornar uma família como a tua, Jesus!

Pai nosso...

10. BATISMO: ENTRADA NA COMUNIDADE DE JESUS

Tu és o meu Filho amado. (Lc 3,22b)

O Batismo é o primeiro sacramento que recebemos. Ser batizado significa passar da morte para a vida. Pelo Batismo nascemos de novo, na vida e na graça de Deus. Somos marcados como filhos muito amados de Deus Pai e irmãos de Jesus. O Batismo é também a porta de entrada para a Igreja. Porta, porque é o sacramento que nos introduz na comunidade de fé. A partir daí, fazemos parte da Comunidade Cristã. E há algo ainda mais bonito. Cristo não é o sobrenome de Jesus. Cristo quer dizer Ungido, o Consagrado. Pelo Batismo nos tornamos cristãos, isto é, ungidos em Jesus, consagrados ao Pai e passamos a pertencer a Igreja de Jesus Cristo, por meio de uma comunidade de fé, seguidores de Jesus. Ao sermos batizados, fazemos uma opção por Jesus: viver, agir e amar como Ele. Quando somos batizados nos tornamos membros da Comunidade de Jesus, a Igreja.

1. **Você se sente filho querido e amado de Deus? Escreva de que forma você sente o amor dele na sua vida.**

_____
_____
_____
_____
_____
_____
_____

2. **Faça um círculo no que significa optar por Jesus, como batizado e filho amado de Deus.**

Ser justo   Contar mentira   Ter paciência   Cuidar da natureza

Amar   Desrespeitar os pais   Jogar lixo no lixo   Não ser solidário

Cuidar dos idosos   Anunciar o Reino de Deus   Ser insensível ao sofrimento dos mais pobres

3. O que você pode fazer para ajudar a Igreja, sua comunidade de batizados, amigos e seguidores de Jesus?

_____
_____
_____
_____
_____
_____
_____
_____

Vamos Rezar — Escreva sua oração em forma de um bilhete a Deus falando do seu amor por Ele.

SER BATIZADO: TESTEMUNHAR A ALEGRIA!

Ide, pois, fazei discípulos meus todos os povos, batizando-os em nome do Pai e do Filho e do Espírito Santo. (Mt 28,19)

O batizado testemunha a alegria de ser amigo de Jesus, filho amado de Deus. É alguém que busca sempre o MAIS. Ser testemunha da alegria é a essência da vida cristã. Isso significa ser uma pessoa que ama onde há ódio, que tem paciência onde existe teimosia e intransigência, que é compreensiva onde existe revolta, que comunica a paz onde existe a violência, deixa transparecer uma presença alegre onde impera a tristeza. Isso é ser MAIS: contagiar as pessoas testemunhando a nossa alegria de sermos filhos amados de Deus e irmãos e amigos de Jesus, que seguem o que Ele ensinou.

1. **Como batizado você é chamado a se dar mais, a ser mais. Em que você pode se dar mais?**

   _____
   _____
   _____
   _____
   _____

2. **A turma da catequese pode pintar o muro da indiferença, da violência, do ódio, do desamor com a cor da alegria e do amor. Que frase de gentileza você escreveria neste muro?**

3. **O que em sua vida precisa de alegria, se converter em MAIS vida?**

   _____
   _____
   _____
   _____

Leitor 1: Querido Jesus, dá-nos a tua luz para que o nosso olhar seja capaz de te descobrir nos acontecimentos de cada dia.

Todos: Senhor, ajuda-nos a SER MAIS!

Leitor 2: Ajuda-nos, Senhor, a sermos agradecidos pelas pessoas que encontram a tua alegria profunda nas suas vidas, pelos que constroem a paz e defendem a preservação da natureza.

Todos: Senhor, ajuda-nos a SER MAIS!

Leitor 3: Querido Jesus, atualmente também há milhares de pessoas que não encontram lugar para viver com dignidade, moradores de rua, desempregados... Ajuda-nos, como comunidade cristã, a construir a solidariedade e a fraternidade.

Todos: Senhor, ajuda-nos na construção de um mundo MAIS humano!

Leitor 4: Querido Jesus, dá-nos um amor intenso e coloca-nos a caminhar, a ser MAIS, para reconstruirmos o mundo na força do teu amor e alegria.

Todos: Senhor, ajuda-nos a SER MAIS!

Concluir a oração lendo Fl 4,4-7.

12 DAR A VIDA PELA FÉ

Vós sois o sal da terra. Vós sois a luz do mundo. (Mt 5,13.14)

O sal e a luz têm uma função: servir para que as outras coisas sejam reconhecidas como são. O sal garante o sabor aos alimentos, como também ajuda em sua preservação. Mas, para que isso aconteça, ele se dissolve misturando-se a eles. Portanto, sua função é imprescindível, pois onde é colocado contribui garantindo que seu sabor ajude os alimentos a se destacarem, a serem apreciados, valorizando-os. Ser sal significa contribuir para melhorar o ambiente em que estamos inseridos e também preservar os ensinamentos de Jesus em nossa vida e da comunidade.

A luz realça as cores, ilumina o que está ao seu redor tornando tudo mais bonito e ainda pode contribuir para orientar o caminho em diversas situações.

Ser luz também significa colocar-se a serviço dos demais revelando o que precisa ser mudado, a presença do amor de Deus na vida. Há muitas pessoas que deram a vida pela fé, ou seja, que viveram até o fim sua missão de batizados, foram sal e luz em nossas comunidades. Muitos não sabemos o nome, mas muitos outros foram declarados santos pela Igreja e são reconhecidos no mundo todo.

DONA ZIZA: UM AMOR DE PESSOA!

Lucimara Trevizan

Dona Ziza era a avó do Mateus, da Paula, da Ana, do João e da Sandra. Era viúva já há muitos anos. Criou os dois filhos sozinha, trabalhando muito. Foi professora do 4º ano durante muitos anos. Desde sua juventude, Dona Ziza ajudava na comunidade Santa Clara, de sua paróquia. Ela coordenava um grupo de encontros bíblicos. Mas, todos a conheciam porque tinha sempre um sorriso nos lábios e uma palavra boa para cada um, mesmo que os tempos fossem difíceis.

Ela ajudou os filhos a criarem os netos que tinham grande amor pela avó. Era Dona Ziza quem fazia o pão de queijo das festas da paróquia. Seus filhos e netos diziam que era o melhor pão de queijo do mundo e as pessoas da comunidade concordavam. Festa ou confraternização sem o pão de queijo da Dona Ziza não tinha graça.

Dona Ziza tinha uma palavra que sempre repetia: "Coragem, coragem". Sempre se despedia das pessoas com esse desejo: "Coragem, coragem!", como que dizendo, vá em frente, continue, não desista.

Quando faleceu, já velhinha, a comunidade deu seu nome ao Centro Comunitário onde ela dedicou sua vida sorrindo, amassando pão de queijo, ouvindo as pessoas e testemunhando que é preciso coragem para viver a cada dia.

1. **Quais atitudes de Dona Ziza podemos dizer que são testemunho de coragem e alegria de viver?**

   _____
   _____
   _____

2. **Você conhece pessoas que como Dona Ziza dão testemunho de coragem e alegria de viver? Escreva aqui quem são e o que fazem essas pessoas.**

   _____
   _____
   _____
   _____

3. **Pense bem e reflita:**

   a. **Quais atitudes e comportamentos seus projetam luz na vida dos seus amigos, da sua família?**

   _____
   _____
   _____
   _____

   b. **E quais projetam sombras?**

   _____
   _____
   _____
   _____

c. O que você pode fazer para dar novo sabor na sua vida e na vida das pessoas ao seu redor?

_____
_____
_____
_____

4. **Escreva uma frase para explicar as imagens que mostram atitudes de ser sal e luz para os outros.**

5. Decifre para descobrir o que está escrito.

Ser ☀️ -o/+a e ser 🌙 -a/+z é tornar o lugar em que vive+🍓 +s/-rango

mais bo+1ª letra  +ito e agradá + 🕯️ -a ! Ser sal e ser luz no

🌐 é ser s+1ª letra da cor 🟨 + 1ª letra 🌸 + 🍭 -piruli

~~~~~~~~~~~~~~~~~~~~

Querido Deus, há muita escuridão no mundo.

Os homens brigam por qualquer coisa, há guerras, muitas crianças passando fome, muita gente tendo que deixar suas casas e até seus países fugindo da violência.

Em mim também há escuridão quando a tristeza me visita, quando não compreendo o mundo dos adultos, quando não amo como devia. Quero ser sal e luz e só você para me ajudar.

Dá-me coragem para viver e ser a melhor pessoa que eu conseguir ser, do meu jeito, às vezes lento, às vezes apressado.

E, por favor, fica comigo para que eu não me perca ou esqueça do teu amor. Amém!

~~~~~~~~~~~~~~~~~~~~

COMO "CRISTÃO", EM QUE ACREDITO?

Deus é amor. (1Jo 4,16b)

Quem não ama não conhece a Deus, porque Deus é amor. Ter fé é entregar o coração com confiança a Deus. E ainda mais, para nós cristãos, a fé é um modo de ver, um modo de viver, um modo de ser, um modo de amar. Cremos em Deus, que é amor e nosso Pai, criador de tudo o que existe. Cremos em Jesus, o Filho de Deus, nosso Senhor. Cremos no Espírito Santo, que é o próprio amor que nos anima a viver e agir com entusiasmo e esperança.

1. **A fé é dar o coração a Deus. Você já deu seu coração a Deus? Comente.**

   _____
   _____
   _____
   _____
   _____
   _____

2. **Como cristãos, em quem cremos?**

   _____
   _____

3. **Como podemos explicar a fé? Para saber decifre o enigma.**

A	B	C	D	E	F	G	H	I	J	K	L	M	N	O	P

Q	R	S	T	U	V	W	X	Y	Z	Í	Ó	É	Ã

   A fé é um ato de confiança, de resposta e de amor

   revela-nos a verdade de Deus Pai, de seu Filho

   Jesus e do Espírito Santo, atingindo o fundo

   do coração testemunhas do seu amor.

57

Catequista: Louvemos juntos a Deus, que nos chamou à Vida e nos quer anunciadores do seu amor.

Refrão: Em coro a Deus louvemos, eterno é seu amor / Por nós fez maravilhas, louvemos ao Senhor!

Catequista: Glória a Deus, Pai de todos, que nos faz irmãos e irmãs.

Todos: Glória ao Deus que nos faz viver e nos chama a ser luz!

Catequista: Glória ao Filho Jesus, que com sua vida nos ensina a viver.

Todos: Glória a Jesus, caminho, verdade e vida!

Catequista: Glória ao Espírito Santo, luz que nos anima e orienta.

Todos: Glória ao Espírito de amor, que nos faz profetas da esperança!

Refrão: Em coro a Deus louvemos, eterno é seu amor / Por nós fez maravilhas, louvemos ao Senhor!

Catequista: Ó Deus da compaixão e da ternura, acenda em nós o fogo do seu amor, e nos abençoe agora e sempre.

Todos: Amém!

CELEBRAÇÃO
RENOVAÇÃO DAS PROMESSAS DO BATISMO

Chamei-te pelo nome: tu és meu! (Is 43,1)

1 Acolhida

Catequista: Sejam todos bem-vindos! Hoje iremos renovar as promessas feitas por seus pais e padrinhos no Batismo. No Batismo ganhamos de modo especial a força do Espírito Santo, para que, durante a vida, aprendamos a viver, discernir, agir e amar como Jesus, o ser humano mais lindo que esta terra já viu.

Todos: Bendito seja Deus que nos reuniu no amor de Cristo.

2 Sinal da cruz

Catequista: Queridos amigos, o nosso sinal é a Cruz de Cristo. Por isso, marcamos você, agora, com o sinal de Jesus, o Cristo Salvador.

(Em silêncio a(o) catequista, o pai, a mãe, a madrinha e o padrinho fazem o sinal da cruz na testa do catequizando e entre si.)

3 Proclamação da Palavra

Catequista: Vamos ouvir atentamente o texto do Livro do Profeta Isaías.

Canto de acolhida da Palavra.

Leitura do Livro de Isaías 43,1b.4a.5a.

Reflexão

Catequista: A experiência de ser "o Filho amado" de Deus foi o que deu a Jesus força e ânimo durante toda sua vida. Essa é também a experiência que deve nos animar, como seguidores de Jesus: somos marcados, "tatuados" como amado(a) de Deus. Somos de Deus, que nos ama e faz tudo por nós, como lembra o Profeta Isaías. Quem descobre este tesouro, esta alegria, percebe o que é ser cristão(ã); compreenderá sua fé, entenderá as exigências do Evangelho, acolherá o grande mandamento do amor: "Amai-vos uns aos outros como eu vos tenho amado" (cf. Jo 13,34).

Para amar como Ele amou, antes, é preciso fazer a experiência de sentir-se amado(a) por Deus.

 Bênção da água e aspersão

Catequista: A água dá vida é necessária para a vida. A água lava e limpa. No Batismo, lava e limpa por dentro. Bendigamos a Deus que se serviu da água para dar a vida aos que creem.

Jesus se fez batizar por João Batista; ungido pelo Espírito, iniciou sua missão neste mundo. Nas águas do seu amor, todos nós somos mergulhados e passamos da escravidão para a liberdade, da tristeza para a alegria, da morte para a vida. Abençoa, Senhor, a água com a força do teu Espírito. Queremos assumir nosso Batismo e sermos testemunhas do teu amor. Por Cristo, nosso Senhor.

Todos: Amém.

Música

 Promessas do Batismo

Catequista: Você foi iluminado por Cristo para se tornar luz do mundo. Com a ajuda de teus pais e padrinhos, viva como filho da luz. Você trouxe uma luz nova na vida de seus pais e sua família. Você é luz no meio de nós e é luz para o mundo.

Renovação das promessas do Batismo

Catequista: Ser batizado é ser testemunha da alegria, é viver na fé de Jesus e do seu Evangelho. Vocês estão dispostos a lutar contra qualquer coisa que prejudique a vida e gere a violência?

Todos: Sim!

Catequista: Vocês querem viver como irmãos, não aceitando nada que seja motivo de divisão e de ódio entre as pessoas?

Todos: Sim!

Catequista: Vocês querem seguir Jesus, vencendo o comodismo e lutando contra todo sentimento de ciúme e de vingança?

Todos: Sim!

7 Profissão de fé

Catequista: Você crê em Deus Pai todo-poderoso, criador do céu e da terra?

Todos: Creio.

Catequista: Você crê em Jesus Cristo, seu único Filho, nosso Senhor, que nasceu da Virgem Maria, padeceu e foi sepultado, ressuscitou dos mortos e subiu ao céu?

Todos: Creio.

Catequista: Você crê no Espírito Santo, Senhor e fonte de vida?

Todos: Creio.

Catequista: Você crê na Santa Igreja Católica, na Comunhão dos Santos, na remissão dos pecados, na ressurreição da carne, na vida eterna?

Todos: Creio.

Catequista: Esta é a nossa fé, que da Igreja recebemos e sinceramente professamos, razão de nossa alegria em Cristo nosso Senhor.

Todos: Amém!

Música

8 Entrega do Creio

Catequista: Vocês acabaram de declarar, em voz alta, em quem vocês creem. Vão receber, agora, das mãos dos pais e dos padrinhos, ou adultos presentes, esta oração do Creio, para rezar durante toda esta semana.

9 Preces finais

Catequista: Supliquemos a misericórdia de Deus para todos nós.

Todos: Ó Senhor, escuta a nossa prece!

Meninos: Dá, Senhor, a cada um de nós, renascer para uma vida nova e crescer na vida como filho e filha amado(a) de Deus.

Meninas: Santifica, ó Pai, a todos nós ao longo da vida, para que saibamos perdoar e ter compreensão com as fraquezas dos outros.

Meninos: Senhor, que cada um de nós cresça no caminho de Jesus e saiba sermos testemunha da alegria.

Meninas: Ó Pai, dá a nossos pais e padrinhos força interior para nos ajudar a ser cada vez mais humanos e levar a sério a sua opção.

Pais: Senhor, que os padrinhos ajudem seus afilhados a descobrir a ternura de Deus e sejam sempre presença amiga em sua vida.

Mães: Ó Pai, ajudai a nossa comunidade e a nossa família a ser testemunho da fé e da missão de Jesus.

Preces espontâneas...

Pai nosso...

10 Bênção final

Catequista: O Senhor esteja conosco!

Todos: Ele está no meio de nós!

Catequista: Abençoe-nos o Deus cheio de misericórdia e bondade: o Pai e o Filho e o Espírito Santo.

Todos: Amém!

Escolher o caminho do
→ amor e do perdão

15 O JOVEM QUE RECUSOU SEGUIR JESUS

O que devo fazer de bom para ter a vida eterna? (Mt 19,16)

Quando Jesus faz um convite para segui-lo, a pessoa pode aceitar ou não. Cada um tem a liberdade para decidir sobre o que deseja para a sua vida. Quem aceita seguir Jesus precisa saber que terá que se organizar para viver a partir dos ensinamentos do Evangelho.

Seguir Jesus exige mudança na maneira de agir, ver as coisas e pensar diferente sobre como usufruir dos bens materiais, e a realizar escolhas que valorizem mais as pessoas, a forma de conviver.

Jesus desafiou um jovem a mudar o "modo de viver e de agir" a que estava acostumado, desconectando-se de seus apegos às riquezas, acolhendo o seu apelo para renunciar tudo aquilo e abrir-se a uma vida de partilha solidária. Jesus esperava que ele saísse de sua vida confortável e o convidou a fazer o caminho com Ele. Porém, o jovem recusou seguir Jesus.

1. **Observe a cena e imagine que a mochila é sua vida, e responda:**

a. O que precisa retirar da sua mochila, ou seja, o que lhe está sobrando e não é essencial para o caminho da sua vida?

» Sentimentos _____
_____

» Atitudes _____
_____

» Objetos _____
_____

» Outros _____
_____
_____

b. O que você quer colocar em sua mochila, em sua vida?
_____
_____
_____
_____

65

2. **O que você diria a quem deixou tudo para seguir Jesus?**

   _____

   _____

   _____

3. **Escreva uma carta ao jovem que recusou seguir Jesus. Diga a ele o que você achou da decisão dele.**

   _____
   _____
   _____
   _____
   _____
   _____
   _____
   _____
   _____

Querido Jesus,
Eu não conseguiria olhar nos teus olhos e dizer não.
Olha no fundo dos meus olhos e veja:
Eu quero te seguir,
Eu quero deixar o que não me faz feliz,
Eu quero andar nos teus caminhos.
Eu te amo.
Ajuda-me a não me acomodar, a não acumular coisas, a não ter medo dos caminhos novos.
Ajuda-me a não desviar do teu olhar quando o medo, a dor e a tristeza chegarem.
Eu quero a vida verdadeira, a felicidade verdadeira, o tesouro verdadeiro que só Tu nos dá. Amém!

16 O BEM E O MAL ESTÃO AÍ: PODEM ESCOLHER!

Deixem o trigo e o joio crescerem juntos até o tempo da colheita. (cf. Mt 13,30)

A sabedoria de Jesus convida-nos a reconhecer em nós, misturados, o trigo e o joio. O ser humano carrega dentro do seu coração luz e trevas. É preciso aceitar o próprio joio, as próprias limitações. Podemos escolher ser trigo, que suporta e aprende com o joio que mora em nós mesmos, sem se deixar dominar por ele. Tudo isso é ser mais humano.

ANA E O SEGREDO DO SEU CORAÇÃO

Lucimara Trevizan

Ana sempre foi uma menina curiosa. Esperta e perguntadeira, queria conhecer tudo o que podia. Olhava para a natureza, para as pessoas e achava que tudo era maravilhoso, tudo precisava ser desvendado.

Ana achava que havia coisas demais a serem desvendadas e tinha pressa. Quando chegou aos 10 anos, já tinha escrito para a NASA, agência espacial dos Estados Unidos, porque queria saber mais sobre os planetas. Também conversava por e-mail com os cientistas da Universidade de São Paulo que estudavam o DNA. Tudo era fascinante! Não sabia se queria ser astronauta ou cientista.

67

Sua mãe, dona Betânia, lhe dizia: minha filha, calma, a cada dia temos oportunidade de aprender algo, é preciso ter olhos e ouvidos atentos. Vá devagar.

E foi quando entrou no 5º ano e mudou de escola que descobriu algo inesperado. Encontrou sua melhor amiga, a Lúcia. Também se apaixonou pelo João. Acontece que a Lúcia tinha outras melhores amigas, não lhe dava a devida atenção e Ana se viu com ciúmes. O João não percebia a sua paixão porque era apaixonado pela Sara. Ana se viu com ódio da Sara. O que estava acontecendo com ela? Ana estava enfurecida.

Nesse período a Maria, sua vizinha de casa, pediu sua ajuda para um trabalho de matemática. Com o passar dos dias foram se tornando amigas e se encontravam toda tarde para estudar. Ana percebeu que Lúcia não era sua amiga de verdade, pois Maria, sim, era sua cúmplice em tudo. E experimentou o gosto bom da amizade verdadeira.

E descobriu, um tempo depois, que o irmão da Maria, o Marcos, era inteligente e muito mais bonito do que o João.

Que coisa! Ela queria ser astronauta ou cientista, afinal era inteligente, mas, às vezes, não compreendia bem seus próprios sentimentos. Descobriu, então, que havia um mundo a desvendar dentro de si mesma. Nem sempre era bom encarar sua raiva, sua preguiça, seu ódio, mas havia também, para sua alegria, muito amor, amizade e compreensão em seu coração. A vida é mesmo uma surpresa e, afinal, se não der certo o que se deseja, o importante mesmo é ser mais humana.

1. Você já se sentiu como a Ana? Em que situação. Descreva.

2. O que podemos aprender com a história da Ana?

3. É muito importante aprender a distinguir o joio (as limitações, o mal) e o trigo (as virtudes, o bem) dentro de nós.

   a. Anote aqui algumas limitações, o mal (joio) que moram em você e qual sua atitude e sentimento com relação a elas.

   b. Anote aqui o que é virtude, bem (trigo) em você.

c. Pense bem, você se deixa dominar mais pelo que é joio ou pelo que é trigo? Por quê? Quais atitudes são necessárias diante do que mais se deixa dominar?

___

Querido Jesus,

Descobri que você tem razão, o joio e o trigo moram juntos dentro de mim.

Preciso da sua ajuda para aprender a distinguir o "joio" da raiva, da preguiça, dos ciúmes, do medo e aceitar que tudo isso faz parte de mim, mas lembrar que posso modificar muitos desses sentimentos.

Ilumina meu coração para que eu deixe crescer o trigo do amor, da amizade, da paciência, da bondade, que me fazem melhor como pessoa.

Não me deixe cair na tentação de só alimentar o joio. Ajuda-me a escolher ser trigo todo dia. Amém!

17 O ENCONTRO DE JESUS COM OS PECADORES

Ele convive e come com os pecadores. (Lc 15,1-7)

Se escolhemos somente o que é mal, ou seja, tudo o que é contrário ao amor, estamos escolhendo o pecado. Em síntese, pecado é não amar. E todos nós ao longo da vida podemos nos desviar do amor. Jesus recorda que Deus sai ao encontro daqueles que se perderam no caminho e transborda de alegria quando os encontra e eles voltam a seguir o caminho do bem. Deus é misericórdia, reconstrói o ser humano pelo amor que Ele oferece, devolvendo a dignidade, a beleza de ser filho e filha dele.

1. O pecado é o contrário do amor. Faça um círculo no que para você é o desamor, o pecado.

2. Escreva o que dentro de você precisa ser restaurado pelo amor de Deus.

3. **E no mundo? O que precisa também ser restaurado pelo amor de Deus?**

_____
_____
_____
_____
_____
_____
_____
_____
_____
_____

Querido Jesus,
Já me desgarrei, me perdi do seu amor algumas vezes.
Acolhe tudo que em mim está perdido ou é falta de amor.
Abraça e restaura com teu amor as marcas de tristeza, de dor, de perdas que possuo em minha vida.
Ajuda-me a escolher sempre o teu caminho, que é o caminho do amor.
Fica bem perto de mim.
Dá-me coragem e ilumina a minha vida para que eu possa iluminar com tua luz todos os que eu encontrar. Amém!

O AMOR DE DEUS É SEM MEDIDA

Este meu filho estava perdido e foi encontrado. (Lc 15,24)

Deus é misericordioso e nos ama de maneira gratuita e sem restrições. Nós somos chamados a nos identificar com Ele, assim como Jesus fez. Para isso precisamos tomar consciência de que sempre haverá, em nossa vida, etapas a serem superadas, e a necessidade de crescer sempre mais na direção do coração amoroso de Deus Pai. Ser verdadeiro filho não é viver submetido ao pai ou afastado dele, mas imitá-lo na sua compaixão, no seu amor, identificar-nos com Ele. Portanto, precisamos de conversão, ou seja, de sempre estar atentos para mudar e estar sempre próximos de Deus.

A parábola contada por Jesus sobre um irmão mais novo e outro mais velho nos ajuda a perceber que o Pai ama os dois filhos. Ao ouvir ou ler essa parábola, percebemos que podemos parecer com o irmão mais novo quando nos afastamos do amor de Deus, ou com o irmão mais velho, quando nos colocamos a realizar queixas maldosas ou quando fazemos julgamentos que magoam as pessoas. Nessa narrativa Jesus nos mostra que Deus ama sem medidas os seus filhos. É um amor que nos faz perceber que nos resta um longo caminho a percorrer para compreender o quanto somos amados por esse Pai, que está sempre à espera do nosso amor.

1. **Vamos observar os três personagens do Evangelho de Lc 15,11-32, sob o foco de uma "câmera" que focaliza o amor e o desamor.**

   ▶ **1ª cena:**

   O filho mais novo: quais foram seus gestos de desamor, de recusa ou negação do amor ao pai, ao irmão, aos amigos... A quem prejudicou e fez sofrer?

   _____
   _____
   _____

   E os gestos de conversão ao amor, os passos que o trouxeram de volta ao amor?

   _____
   _____
   _____

   ▶ **2ª cena:**

   O pai: teve atitudes de desamor?

   _____
   _____

   ▶ **3ª cena:**

   O irmão mais velho: o ciúme, a obrigação cumprida, mas, cadê o amor? Como ele entende ser o amor? Se fosse ele o perdido, o pai o receberia, faria a festa? Por quê?

   _____
   _____
   _____
   _____

2. **Destaque o que mais te emocionou nesta história contada por Jesus. Você pode escrever o versículo ou uma frase que mais te tocou.**

_____
_____
_____
_____
_____

3. **Pare e pense:**

   a. O que há em você que é parecido com o irmão mais velho?

   _____
   _____
   _____

   b. Em que se parece com o irmão mais novo?

   _____
   _____
   _____

Façamos chegar a Deus nossas preces:

Todos: Senhor Deus, Pai de amor e bondade, confiamos no teu amor.

1. Ó Deus, pai querido e surpreendente, ajuda-nos a sermos parecidos com o teu jeito carinhoso e bondoso.
2. Ó Deus, pai misericordioso, acolha nossas fragilidades. Quando nos sentirmos perdidos, ajuda-nos a sempre encontrar o caminho do teu coração e do teu abraço.
3. Ó Deus, pai de ternura, abraça nossas incompreensões. Ajuda-nos, apesar de nossos pecados, a crescer sempre no amor.

UM CORAÇÃO CHEIO DE AMOR

Sede misericordiosos como vosso Pai é misericordioso. (cf. Lc 6,36)

Os passos da conversão precisam estar sempre no coração do cristão: reconhecer os erros, ter arrependimento, querer mudar de vida, pedir perdão a Deus e às pessoas que ofendemos ou magoamos, ou perdoar de coração se nos ofenderam. O Deus misericordioso cria em nós um coração novo, feito de acordo com o seu, capaz de misericórdia. E a Igreja realiza uma celebração do perdão de Deus, a certeza da paz e da reconciliação, no Sacramento da Confissão.

1. **Quais são os passos para a conversão e mudança de vida? Enumere a sequência dos passos.**

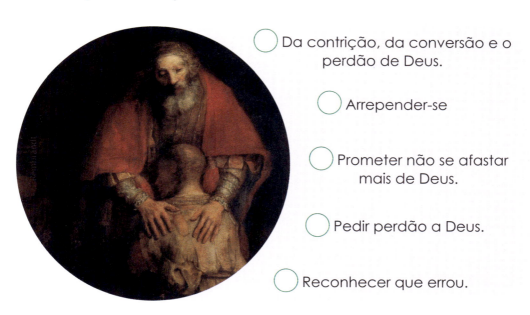

○ Da contrição, da conversão e o perdão de Deus.

○ Arrepender-se

○ Prometer não se afastar mais de Deus.

○ Pedir perdão a Deus.

○ Reconhecer que errou.

2. O que é o Sacramento da Confissão, também chamado Sacramento da Reconciliação?

_____
_____
_____

3. Coloque-se no lugar daquele filho perdido e escreva uma carta ou bilhete para o Pai, que é Deus mesmo.

_____
_____
_____
_____
_____

4. Ser misericordioso nos faz mais humanos e parecidos com Deus, nosso Pai. Muitos cristãos foram assim. Escreva o nome de alguns desses cristãos.

_____
_____
_____

Vamos Rezar

O Ato de Contrição é nossa oração de arrependimento e perdão. Rezemos:

Querido Deus, sois infinitamente bondoso e misericordioso. Eu te amo e estou arrependido de ter me desviado do teu amor. Peço e espero o teu perdão dos meus pecados.
Dá-me a graça de firmemente voltar a seguir o caminho do Amor e não te ofender ou magoar, nem a ninguém mais. Amém!

CELEBRAÇÃO
CELEBRAÇÃO DA RECONCILIAÇÃO

O vosso Pai que está no céu não quer que nenhum destes pequeninos se perca. (Mt 18,14)

1 Acolhida

Canto: *Pelos prados e campinas* (Fr. Fabreti e J. Thomaz Filho)

Padre: Em nome do Pai e do Filho e do Espírito Santo.

Todos: Amém!

Padre: Que a graça do Senhor Jesus Cristo esteja convosco!

Todos: Bendito seja Deus que nos reuniu no amor de Cristo!

Catequista: É uma alegria acolher a cada um de vocês. Queremos celebrar o amor de Deus que nos reconcilia. Deus é misericordioso e está sempre à espera para nos abraçar com amor, apesar de nosso egoísmo, nosso desamor e pecado. Com alegria, vamos acolher a Palavra de Deus e colocá-la no meio de nós.

2 Proclamação da Palavra

Canto de Aclamação

Evangelho de Mt 18,12-14.

 **Reflexão**

Nosso Deus ama a cada um de nós. Não teríamos nunca tido a coragem de acreditar nisto se não tivéssemos conhecido Jesus. Esta história da ovelha perdida e encontrada, bem como a do Pai misericordioso que reencontra e faz festa porque o filho perdido foi reencontrado, nos mostram que Deus ama sempre e pacientemente.

Ele vai em busca da ovelha perdida e aceita a enorme falta de gratidão de um filho que saiu de casa e esbanjou sua herança. É Jesus quem revela o coração de Deus, que é um pai próximo dos seus filhos, cheio de compaixão e ternura.

Deus vem ao nosso encontro em nossas fraquezas, nossas feridas, nossas limitações, nosso pecado. Ele nos abraça carinhosamente e nos ajuda a acolher tudo o que em nós está perdido. Ele nos ajuda a reencontrar o caminho do amor e a nossa verdadeira identidade de filhos e filhas dele, amados com um amor em excesso. Como aquele "filho perdido" e reencontrado vamos fazer nossa revisão de vida e trilhar os passos da conversão.

3 Revisão de vida

Padre: Estamos diante da misericórdia infinita do Pai que nos acolhe, nos ama, nos perdoa. Aproximemo-nos sem medo desse Pai, como o filho pecador que voltou, com intensa confiança. Somos seu povo, o seu rebanho. Ele é nosso pastor, Ele é nosso Deus!

Todos: Senhor, tende piedade de nós!

Padre: Em silêncio, por uns minutos, vamos contemplar a cruz de Jesus. Ele que nos amou tanto, a ponto de dar a vida por nós, quer que cada um de nós seja encontrado, amado e perdoado. Pensemos em tudo aquilo que fizemos e que nos desviou do amor e causou sofrimento ou prejudicou outra pessoa, nós mesmos e também nos distanciou de Deus.

(Silêncio...)

4 Confissão

Padre: Nós te buscamos e queremos ser encontrados, ó Deus.
Em ti encontramos amor, porque Tu és o Deus de amor.

Em ti encontramos paz, porque Tu és a nossa paz.

Em ti encontramos a vida, porque Tu és vida verdadeira.

Todos: Ó Deus, nós te adoramos e suplicamos:

Padre: Liberta-nos de tudo o que nos distancia de nós mesmos.

Liberta-nos de tudo o que provoca distância dos outros.

Liberta-nos do egoísmo e do individualismo que nos consome por dentro.

Liberta-nos das nossas certezas e arrogâncias.

Liberta-nos dos nossos medos.

Liberta-nos dos nossos preconceitos que discriminam os outros.

Liberta-nos das mentiras e da mania que temos de nos acharmos melhores do que os outros.

Liberta-nos do ódio, da inveja e de tudo que causa violência e discórdia.

Liberta-nos de tudo o que provoca distância de ti, nosso Deus e Senhor.

Todos: Tem misericórdia de nós, Senhor! PERDOA-NOS! (3 vezes)

Padre: Ajuda-nos, Senhor, a reencontrar o teu abraço de amor, cuidado e compaixão.

Permite-nos reencontrar nossa beleza interior, a certeza de sermos teus filhos e filhas amados.

Ajuda-nos a assumir a missão de anunciar ao mundo o teu Reino, o teu Amor, a tua Misericórdia para sempre!

Todos: Amém. Amém. Amém!

Padre: Rezemos, suplicando que o Senhor nos livre de todo mal. Pai nosso...

5 Absolvição individual

Música

6 Ato de contrição

Querido Deus, és infinitamente bondoso e misericordioso. Eu te amo e estou arrependido de ter me desviado do teu amor. Peço humildemente o teu perdão pelos meus pecados.

Dá-me a graça de firmemente voltar a seguir o caminho do Amor e não te ofender e magoar, nem a ninguém mais. Amém!

7 Compromisso

Padre: Nossa atitude como pessoas reconciliadas pelo amor de Deus será a de espalhar muitos sorrisos e abraços. Um gesto de acolhida, um abraço, um sorriso podem fazer toda diferença na vida de uma pessoa. Então nosso compromisso é esse: espalhar sorrisos e abraços, sobretudo para as pessoas que estão tristes ou sofrendo. Reze também o Pai-nosso, durante a semana, pedindo a Deus que te ajude a ser sinal do amor de Deus.

8 Bênção da água

Padre: Senhor Deus, fonte de toda compaixão, derrame a vossa bênção sobre esta água. Faça que ela seja para nós símbolo do perdão dos nossos pecados e da alegria de sermos batizados. Por Cristo Nosso Senhor.

Todos: Amém.

Música

Padre: Ó Deus, todo amor e compaixão, renove em nós o desejo de transformar nosso mundo em seu Reino de Amor e nos abençoe agora e sempre. Por Cristo Nosso Senhor.

Todos: Amém.

Jesus,
 o pão da vida

FAÇAM ISTO PARA CELEBRAR A MINHA MEMÓRIA

Tomai e comei, isto é meu Corpo; tomai e bebei, isto é meu Sangue. (cf. 1Cor 11,24)

Nos evangelhos descobrimos que, para Jesus, a refeição é muito importante, pois é sinal da vinda do Reino, da alegria que a vida deve ser. A última refeição de Jesus passou a ser muito especial. Foi uma ceia pascal. É a refeição da despedida, onde Ele pede aos seus discípulos: "Façam isto em memória de Mim" (1Cor 11,24b).

Jesus deu um novo sentido ao pão e ao vinho. Na língua dos judeus, "corpo" significa a pessoa toda, Jesus quis dizer: *Sou eu que vou ser crucificado por vocês*. No fim da ceia tomou o vinho e explicou o sentido: *Este vinho é o sangue da nova e eterna aliança, que será derramado por vocês*. Jesus quer dizer que assim como o sangue do cordeiro libertou os israelitas da escravidão, o seu sangue libertará da escravidão do pecado. O sangue de Cristo selará a Nova Aliança concluída na cruz.

A Eucaristia é, então, memória da Ceia do Senhor, Ação de graças a Deus. Na Missa se torna atual o sacrifício de Jesus que doou a vida por amor, se recorda as suas palavras e se realiza o encontro com Ele.

1. O que Jesus pediu aos discípulos na sua última ceia?

   _____
   _____
   _____

2. O que significa a palavra Eucaristia?

   _____
   _____
   _____
   _____
   _____
   _____
   _____

3. Circule os nomes dados ao Sacramento da Eucaristia.

Ceia do Senhor   Batismo   Eucaristia

Fração do Pão   Memorial

Reconciliação   Assembleia Eucarística

Santo Sacrifício   Santa Missa

Comunhão   Santíssimo Sacramento   Perdão

Matrimônio

4. Qual o novo sentido que Jesus deu ao pão e ao vinho?

_____
_____
_____
_____
_____
_____

Vamos Rezar

Precisamos aprender a ser gratos, sobretudo pela vida. Escreva aqui um bilhete a Jesus dizendo a Ele o que você deseja agradecer.

TORNAR-SE PÃO

Tomou o pão, deu graças e o partiu. (cf. Lc 22,19)

Na liturgia eucarística, durante a Missa, como vimos, são repetidos os mesmos gestos de Jesus na última ceia: Ele tomou o pão, deu graças, partiu o pão. Muito importante compreender o significado desses gestos na nossa vida. O pão e o vinho representam nossa alegria de viver, criar, trabalhar, conviver, mas também nossa dor, humilhação, sofrimento... Levamos ao altar o pão e o vinho e, neles, outros dons que representam nossa vida recebida das mãos de Deus. Nossa vida, que é dom, é apresentada ao Senhor no altar e tudo é consagrado a Deus.

Comungar significa assumir o projeto de Jesus como nosso. A partilha do pão é sinal de comunhão com o Senhor e entre os membros da comunidade. Que toda nossa vida seja "Eucaristia", seja "Ação de Graças" a Deus.

1. **Ligue o significado correto de cada parte da liturgia eucarística.**

   Ele TOMOU o pão... ●   ● Oração Eucarística

   Pronunciou a BÊNÇÃO
   de AÇÃO DE GRAÇAS ●   ● Ritos de Comunhão

   Ele o PARTIU... ●   ● Preparação das Oferendas

2. **Em que os gestos de Jesus na Eucaristia inspiram a nossa vida?**

   a. "Tomar" a nossa vida:
   _____
   _____
   _____

   b. Dar graças:
   _____
   _____
   _____

   c. Partir e dar:
   _____
   _____
   _____

3. **Como cristão o que podemos fazer para ajudar a quem tem fome? Escreva suas sugestões.**
   _____
   _____
   _____
   _____
   _____

4. Você conhece cristãos que fizeram ou fazem algo para combater a fome? Quem? E o que fazem?

_____
_____
_____
_____
_____
_____
_____

Todos: *Muito obrigado porque nos criastes, ó Deus. Querendo bem uns aos outros, viveremos no vosso amor. Vós nos dais a grande alegria, de encontrar nossos amigos e conversar com eles. Podemos assim repartir com os outros as coisas bonitas que temos e as dificuldades que passamos.*

Catequista: Sois santo, ó Pai. Amais todas as pessoas do mundo e sois muito bom para nós. Agradecemos em primeiro lugar porque nos destes vosso Filho Jesus Cristo. Ele veio ao mundo porque as pessoas se afastaram de Vós e não se entendem mais. Jesus nos abriu os olhos e os ouvidos para compreendermos que somos irmãos e irmãs da família em que sois o nosso Pai. É Jesus que agora nos reúne em volta desta mesa para fazermos, bem unidos, o que na ceia fez com seus amigos.

Todos: Estamos alegres, ó Pai, e vos agradecemos.

(Oração eucarística para Missa com crianças III.)

89

PREPAREM A CEIA DO AMOR E DO SERVIÇO!

Se eu, o Senhor e mestre, vos lavei os pés, também deveis lavar-vos os pés uns dos outros. (cf. Jo 13,14)

No lava-pés, momento em que Jesus na última ceia lava os pés de seus discípulos, Ele nos apresenta a missão de todo aquele que quiser segui-lo: viver o amor-serviço, dar-se. O lava-pés passa a ser o "modo de proceder" ou o "estilo de vida" da comunidade dos seus seguidores. Isso é viver a **Eucaristia**, a comunhão, no cotidiano da vida. Participar da Eucaristia é muito mais do que "ir à Missa" simplesmente. É viver o amor-serviço usando seus dons para ajudar as pessoas.

1. **Para Jesus o que significa o lavar os pés dos seus discípulos naquela última ceia?**

2. **Escreva um bilhete a Jesus dizendo o que você achou desse seu gesto de lavar os pés dos discípulos.**

3. **Qual a sua opinião sobre a atitude de Pedro na última ceia?**

4. Se você estivesse naquela última ceia como reagiria?

_____
_____
_____
_____
_____

5. Jesus no lava-pés nos pede para vestir a toalha da simplicidade, da acolhida, do amor-serviço. Como sua comunidade pode vivenciar isso? Dê sugestões.

_____
_____
_____
_____
_____
_____
_____

Dai-nos olhos para ver as necessidades e os sofrimentos dos nossos irmãos e irmãs; inspirai-nos palavras e ações para confortar os desanimados e oprimidos; fazei que, a exemplo de Cristo, e seguindo o seu mandamento, nos empenhemos lealmente no serviço a eles. Vossa Igreja seja testemunha viva da verdade e da liberdade, da justiça e da paz, para que toda a humanidade se abra à esperança de um mundo novo.

Ajudai-nos a criar um mundo novo!

(Oração eucarística para diversas circunstâncias IV.)

JESUS É O PÃO DA VIDA

Eu sou o pão da vida, descido do céu. (cf. Jo 6,51)

Antes de partir o pão, Jesus parte-se a si mesmo, ou seja, faz-se alimento. Toda sua vida foi entrega. Jesus é "pão", sua vida é alimento, é comunhão que nós partilhamos e oferecemos uns aos outros, sendo, dessa forma, Eucaristia.

Cada vez que recebemos a comunhão, a Eucaristia, o pão da vida que é Jesus, vamos ficando mais parecidos com Ele, que nos faz viver plenamente uma vida com sentido, uma vida no amor e, assim, vamos nos transformando em Eucaristia viva.

James Tissot – JESUS ENSINA

1. **Que significa dizer que Jesus é o pão da vida?**

   _____
   _____
   _____
   _____
   _____
   _____
   _____
   _____
   _____

2. **Imagine que Jesus, o pão da vida, fará uma visita pelas ruas da sua comunidade, do seu bairro e da cidade. O que pensará Jesus ao passar diante de crianças que têm fome? O que Ele diria?**

   _____
   _____
   _____
   _____
   _____
   _____
   _____
   _____
   _____
   _____

3. **Escreva aqui a sua resposta ao convite de Jesus para cear com Ele.**

_____

_____

_____

_____

_____

_____

_____

Querido Jesus,

Felizes os que têm fome de amor e de fraternidade.

Felizes os que têm fome de ternura, de beleza e de amizade.

Felizes os que têm fome de paz e justiça neste mundo marcado pela dor, guerras e ódio.

Felizes os que têm fome de um sorriso e de um abraço.

Felizes os que têm fome de misericórdia, de perdão e de alegria.

Felizes os que têm fome de uma vida feliz em que há pão para todos.

Que a Eucaristia nos faça sempre famintos pelo Reino de Deus.

Que a Eucaristia nos transforme em pão para todos.

Amém!

A CELEBRAÇÃO DA EUCARISTIA

Felizes os convidados para a Ceia do Senhor.

Celebrar a Liturgia da Eucaristia significa fazer experiência comunitária da presença viva da vida, paixão, morte e ressurreição de Jesus, ou seja, do mistério pascal. É Deus que nos chama para participar da Eucaristia. É por causa dele que saímos de casa para adorar, louvar e dar graças. A Missa tem um Rito, ou seja, um jeito, uma sequência de momentos com palavras e gestos que compõe a celebração.

1. O que acontece na Liturgia da Palavra?

2. O que acontece na liturgia eucarística?

3. Por que vamos à Missa?

4. O Ano Litúrgico tem alguns ciclos festivos. Circule quais são eles.

Domingo *Ciclo do Natal* *Mês da Bíblia*

Ciclo da Páscoa

Mês de Maria *Tempo Comum*

Catequista: Deus nosso Pai, vós nos reunistes e aqui estamos todos juntos, para celebrar vossos louvores com o coração em festa. Nós vos louvamos por todas as coisas bonitas que existem no mundo e também pela alegria que dais a todos nós. Nós vos louvamos pela luz do dia e por vossa Palavra que é nossa luz. Nós vos louvamos pela terra onde moram todas as pessoas. Obrigado pela vida que de vós recebemos.

Todos: **O céu e a terra proclamam a vossa glória. Hosana nas alturas!**

Catequista: Sim, ó Pai, vós sois muito bom: amais a todos nós e fazeis por nós coisas maravilhosas. Vós sempre pensais em todos e quereis ficar perto de nós. Mandastes vosso Filho querido para viver no meio de nós. Jesus veio para nos salvar: curou os doentes, perdoou os pecadores. Mostrou a todos o vosso amor, ó Pai; acolheu e abençoou as crianças.

Todos: **Bendito o que vem em nome do Senhor. Hosana nas alturas!**

(Oração eucarística para a Missa com crianças I.)

26 O ESPAÇO LITÚRGICO

Onde queres que a preparemos? (Lc 22,9)

A igreja (templo) é o ponto de encontro da comunidade, é o espaço onde as pessoas se reúnem para celebrar. O templo é o lugar que nos remete à memória do mistério de Cristo e do seu corpo que é a Igreja. Tudo o que vemos, ouvimos e fazemos na igreja nos leva a mergulhar no Mistério de Jesus Cristo, nossa Páscoa. Ao entrar na igreja, estamos em um lugar sagrado. Por isso o silêncio é necessário para podermos contemplar e, especialmente, escutar o que Deus tem a nos dizer. Neste espaço o altar é o centro, a mesa em volta da qual a comunidade se renova ao fazer memória da ceia do Senhor.

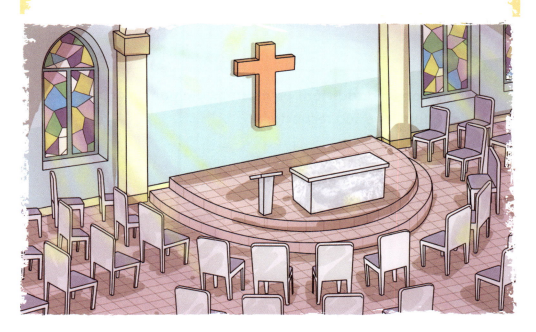

1. O que você mais gostou de conhecer na visita à igreja da comunidade?

2. No espaço litúrgico há alguns elementos importantes. Quais são eles?

3. Todas as comunidades têm os mesmos elementos no seu espaço litúrgico? Justifique sua resposta.

Vamos Rezar

*Querido Jesus,
Olho o teu altar e lembro da sua última ceia.
Vou participar da Ceia Eucarística e sou feliz por isso.
Obrigada pela sua presença na minha vida,
também pelo tempo que passo na catequese,
que me ajuda a crescer e te conhecer melhor.
Eu te ofereço o meu amor e a minha alegria.
Transforma minha vida em eucaristia.
Ajuda-me a ser pão na vida das pessoas,
sobretudo das que mais precisam de ajuda.
Amém!*

VIVÊNCIA EUCARÍSTICA

Desejei ardentemente comer convosco esta ceia pascal. (Lc 21,15)

1 Acolhida

Catequista: Em nome do Pai e do Filho e do Espírito Santo.

Todos: Amém!

Catequista: Que alegria nos reunirmos! Queremos fazer memória da última ceia de Jesus e dar graças a Deus pela sua presença que ilumina nossa vida.

Música

2 Olhar a nossa vida

Catequista: De olhos fechados pense em uma experiência em que você ficou profundamente agradecido e feliz por algo que vivenciou. Procure lembrar que dia foi, com quem você estava, o que aconteceu. Pode ser algo que alguém fez para você ou algo que você conseguiu fazer, algo de feliz que aconteceu e você ficou agradecido(a).

Catequista: Vamos lembrar também alguns momentos significativos da vida de Jesus, quando Ele experimentou ou levou alguém a experimentar gratidão.

3 Ouvir e meditar a Palavra

Evangelho de Mc 14,22-25.

Catequista: Nós já ouvimos esta narrativa. Vamos brevemente recordá-la: Por que Jesus reuniu os discípulos? O que Ele fez? Por quê? Qual a explicação que Ele deu? O que queria dizer com isso? Jesus deu graças nesse momento?

Reflexão

Como já vimos anteriormente, a Eucaristia faz de todos nós Corpo de Cristo. Jesus e os discípulos, comendo o Pão e bebendo o Vinho respiram o mesmo ar, o mesmo sonho do Reino de Deus. É assim também conosco, a Igreja: juntos, mãos dadas, comemos o pão, bebemos o vinho e sentimos e temos esperança de que Ele venha, de que o Reino de Deus aconteça. E temos saudade de Jesus. Expressamos isso dizendo na Oração Eucarística: "Toda vez que se come deste pão, toda vez que se bebe deste vinho, se recorda a paixão de Jesus Cristo e se fica esperando a sua volta". Basta nos reunir para recordar Jesus, compartilhar sua palavra, tomar o pão e o vinho, ressuscitar a esperança e alimentar o sonho do Reino.

Hoje Jesus precisa de nossas mãos para multiplicar os grãos; precisa de nossas mãos para triturar esses grãos, amassar a farinha e fazer o pão. E precisa de nosso coração para que o pão seja repartido. Quem come do Pão e bebe do Vinho, se compromete contra as forças da morte, do pecado: egoísmo, violência, indiferença, desonestidade, destruição do meio-ambiente, poluição. O que mais? (Ouvir.)

Na última ceia e, também, na Missa, o pão é partido para significar a doação de Jesus; e, ao comermos deste pão, aceitamos ser como o grão de trigo que, caído no chão, produz frutos para o bem de todos. Deus precisa de nosso coração para que o pão leve o sinal da fraternidade, seja vitamina de solidariedade, alimento de comunhão, energia de vida para todos. Essa é a Missa verdadeira, a verdadeira missão.

Música

Catequista: Vou repartir o pão entre todos. Cada um faz agora seu compromisso eucarístico, em silêncio ou em voz alta. Como você quer viver sua comunhão com Jesus e seu projeto?

Abraço da Paz

Pai-nosso

Catequista: O Deus do amor, que nos alimenta com o Pão da vida e esteja sempre conosco e nos abençoe.

Todos: Amém!

Catequista: Louvado seja Nosso Senhor Jesus Cristo!

Todos: Para sempre seja louvado!

 Anexos

ANEXO 1
NATAL: BOA NOTÍCIA DE DEUS PARA A HUMANIDADE!

"E a Palavra se fez carne e veio morar entre nós". (Jo 1,14)

⭐ 1 Acolhida

Catequista: Em nome do Pai e do Filho e do Espírito Santo.

Todos: Amém.

Catequista: O povo que andava nas trevas viu uma grande luz.

Todos: E a Palavra se fez carne e veio morar entre nós.

⭐ 2 Proclamação da Palavra

Canto de aclamação (a escolha)

Evangelho de Jo 1,1-5.14.

Música

 Reflexão

Catequista: Para nós, cristãos, o Natal é a vinda de Deus no meio de nós. Celebrar o Natal não é celebrar um acontecimento lá do passado, é, ao contrário, dizer: hoje é Natal para nós, aqui, agora. Nossas esperanças se refazem no menino Jesus.

É Natal! Jesus é a grande boa notícia de Deus para a humanidade. Ele vem ao mundo para devolver a esperança e a confiança em Deus. Ser cristão significa ser "outro Cristo" no meio do mundo. Nossa missão é anunciar a paz, a alegria, a esperança que Jesus comunicou com sua vida. Nossa missão é dar testemunho de que todos somos irmãos, ser boa notícia para todos, sobretudo, os mais pobres.

Natal é Jesus no meio de nós; Ele é Deus-conosco e nos acompanha sempre. Deixemo-nos ser amados por Ele. Sejamos agradecidos, confiantes, cheios de esperança, porque a Luz do Natal vence as trevas. Sejamos testemunhas dessa Luz de Jesus no meio do mundo, espalhando amor, cuidando e protegendo a vida humana e toda a criação de Deus.

Todos: Glória a Deus no mais alto dos céus e na terra paz a todos por Ele amados!

3 Rezar pelo Natal de um mundo novo

Leitor 1: Senhor Jesus, sonhamos com um mundo onde não haja ódio. Ajuda-nos a ser testemunhas e construtores da tua paz.

Todos: *Vem, Senhor, vem nos ajudar a criar um mundo novo.*

Leitor 2: *Senhor Jesus, queremos um mundo que respeite o meio ambiente, que proteja as florestas, que coloque a vida acima do lucro e da exploração. Ajuda-nos a defender o planeta, nossa casa comum e criação de Deus.*

Todos: *Vem, Senhor, vem nos ajudar a criar um mundo novo.*

Leitor 3: *Querido Jesus, concede à nossa família a graça de nos tornarmos um para o outro, sinal da tua presença e um apelo a amar sem recompensa.*

Todos: *Vem, Senhor, vem nos ajudar a criar um mundo novo.*

Preces espontâneas...

Rezemos juntos a oração que Jesus nos ensinou: Pai nosso...

4 Bênção final

Catequista: Ó Deus da vida, tu nos fazes pessoas novas em teu amor. Ajuda-nos a viver a compaixão, a ternura, a fraternidade e a solidariedade. Por Cristo, nosso Senhor. Amém.

Todos: Ó Deus de amor e bondade, que nos dás a alegria da vida, faz--nos crescer sempre em teu amor e nos abençoa: Pai, Filho e Espírito Santo. Amém!

Abraço da paz e de Feliz Natal!

Canto final.
Confraternização.

ANEXO 2

EIS-ME AQUI!

Alegra-te, cheia de graça! O Senhor está contigo! (Lc 1,28)

1 Acolhida

Catequista: Em nome do Pai e do Filho e do Espírito Santo.

Todos: Amém.

Catequista: Hoje fazemos memória de Maria, a mãe de Jesus, aquela que com um "sim" mudou a história. Maria é a mulher que respondeu "sim" sem impor condições a Deus. Só faltava o "sim" de Maria para que Jesus, o nosso Salvador, entrasse na nossa história. Nela nos inspiramos. Maria é mãe que espera, mulher que acolhe a Palavra de Deus.

Todos: Maria, mãe de Jesus, ensina-nos a dizer SIM a Deus.

2 Proclamação da Palavra

Canto de aclamação

Evangelho de Lc 1,26-38.

 **Reflexão**

Catequista: Deus escolhe uma jovenzinha de Nazaré, uma mulher simples com um nome comum, totalmente desconhecida e insignificante aos olhos dos grandes do mundo. Este Evangelho que lemos não fala apenas de algo que se passou há dois mil anos, mas refere-se também ao que nos acontece hoje: Jesus vem ao mundo e a cada um de nós sem cessar, e vem de novo, sempre. A anunciação acontece com todos nós, a todo momento, em todos os lugares e etapas da vida. É preciso estar atento para perceber esse Deus que nos fala de maneira inesperada, como fez com Maria.

A resposta de Maria, o "eis-me" significa estar disponível para o Senhor. Isso nos cura do egoísmo, de uma vida centrada em nós mesmos, nos nossos interesses. O "eis-me" é acreditar que Deus é mais importante do que o meu eu. É estar sempre à espera das surpresas de Deus na nossa vida, como Maria estava.

Todos: Eis-me aqui, Senhor! Faça-se em mim segundo a tua palavra!

Música

 **Preces**

Leitor 1: Maria, mãe de Jesus e nossa, ensina-nos a viver confiando em Deus em tudo e por tudo.

Todos: Nossa Senhora, mãe dos aflitos, ensina-nos a confiar em Deus!

Leitor 2: Maria, senhora do "sim", ajuda-nos a perceber os sinais da presença de Deus em nossa vida e a dizer "sim" ao seu chamado de amor, mesmo em meio a dúvidas e incertezas.

Todos: Maria de toda a vida, Maria de todas as horas, ensina-nos a dizer "sim" a Deus.

Leitor 3: Maria de toda casa e de todos os caminhos, Maria de todo amor, ensina-nos a abrir o coração para acolher e seguir teu Filho Jesus.

Todos: **Maria, nossa Senhora! Mãe do Menino Jesus, roga por nós!**

Leitor 4: Maria, mãe das dores, roga a Deus pelos que choram, pelos que sofrem, pelos que passam fome, pelos que estão desempregados, pelos doentes, pelas famílias que perderam pessoas queridas.

Todos: **Nossa Senhora, Mãe de Jesus! Nossa Senhora de todos nós, roga por nós!**

Ave Maria...

 **4 Bênção final**

Catequista: O Senhor esteja conosco.

Todos: **Ele está no meio de nós.**

Catequista: Por intercessão de Maria, mãe de Jesus, que Deus nos abençoe em seu amor de Pai, Filho e Espírito Santo. Amém.

CELEBRAÇÃO

CELEBRAÇÃO EM FAMÍLIA: EM PREPARAÇÃO À EUCARISTIA

⭐ Acolhida

Pai: Em nome do Pai e do Filho e do Espírito Santo!

Todos: Amém!

Mãe: Querido Jesus, nosso(a) filho(a) vai em breve participar da ceia eucarística. Pedimos que ilumine seus passos para que sua vida seja comunhão, amizade, partilha e amor.

Todos: Felizes os convidados para a Ceia do Senhor!

⭐ Proclamação da Palavra

Com a Bíblia na mão o catequizando lê o Evangelho de Jo 6,1-15.

 Reflexão

Pai: Jesus pega os pães e dá graças. Dá graças por cinco pães e dois peixinhos diante de cinco mil pessoas famintas. É a gratidão sobre o pouco que faz o muito.

Mãe: Jesus dá graças, contempla o pão, fruto da terra e do trabalho de muitos homens e mulheres, que deve ser partido e compartilhado. Depois Jesus convida a repartir.

Catequizando: Compartilhar o pão foi o gesto que Jesus mais fez e de modo especial, na última ceia pascal. Também nossa vida precisa ser pão partilhado, ser eucaristia para a vida do mundo.

 **Rezemos juntos**

Pais: Querido Jesus, te pedimos pelo(a) nosso filho(a)....... (dizer o nome do catequizando). Acompanha os seus passos no caminho de uma vida feliz, em comunhão e amor com todas as pessoas.

Todos: Fica conosco Senhor!

Catequizando: Querido Jesus, fonte transbordante de todo amor humano, concede à nossa família a graça de nos tornarmos, um para o outro, sinal da tua presença e do teu amor sem limites.

Todos: Fica conosco Senhor!

Pais: Querido Jesus, quando as preocupações nos fizerem perder a fé e a confiança, lembra-nos que Tu nos ama e não nos abandonas nunca.

Todos: Fica conosco Senhor!

Preces espontâneas...

Rezemos juntos a oração que Jesus nos ensinou: Pai nosso...

 **Bênção final**

Ó Deus da vida, Tu nos fazes pessoas novas em teu amor. Ajuda este nosso(a) filho(a) a seguir os passos de Jesus, vivendo a compaixão, a ternura, a fraternidade e a solidariedade. E que, assim, sua vida seja eucaristia para que o mundo seja teu Reino de amor. Por Cristo, nosso Senhor. Amém.

Todos: Ó Deus de amor e bondade, que nos dá a alegria da vida, faz-nos crescer sempre em teu amor e nos abençoa: Pai, Filho e Espírito Santo. Amém!

Abraço da paz.

ORAÇÕES

PAI-NOSSO

Pai nosso que estais nos céus, santificado seja o vosso nome; venha a nós o vosso reino, seja feita a vossa vontade, assim na terra como no céu.

O pão nosso de cada dia nos dai hoje; perdoai-nos as nossas ofensas, assim como nós perdoamos a quem nos tem ofendido; e não nos deixeis cair em tentação, mas livrai-nos do mal. Amém!

AVE MARIA

Ave Maria, cheia de graça, o Senhor é convosco; bendita sois vós entre as mulheres, e bendito é o fruto do vosso ventre, Jesus. Santa Maria, Mãe de Deus, rogai por nós, pecadores, agora e na hora de nossa morte. Amém!

GLÓRIA-AO-PAI

Glória ao Pai e ao Filho e ao Espírito Santo. Como era no princípio, agora e sempre. Amém!

SINAL DA CRUZ

Pelo sinal da santa cruz, livrai-nos Deus, Nosso Senhor, dos nossos inimigos. Em Nome do Pai e do Filho e do Espírito Santo. Amém!

ORAÇÃO DA CRIANÇA

Querido Deus, quero agradecer por tanta coisa incrível que vivi neste dia: o amanhecer tão lindo, a beleza da tua criação, a amizade e carinho dos meus amigos, a possibilidade de estudar e brincar, a comida gostosa...

Quero te agradecer por toda a minha família e peço que me ajude a amar cada dia mais.

Conta comigo para cuidar e preservar a beleza a tua criação, também para partilhar o que sou e tenho para fazer desse mundo um lugar melhor.

É muito bom ser teu amigo. Eu te amo, Senhor!

Anotações

Anotações

Anotações

Anotações

Conecte-se conosco:

 facebook.com/editoravozes

 @editoravozes

 @editora_vozes

 youtube.com/editoravozes

 +55 24 2233-9033

www.vozes.com.br

Conheça nossas lojas:

www.livrariavozes.com.br

Belo Horizonte – Brasília – Campinas – Cuiabá – Curitiba
Fortaleza – Juiz de Fora – Petrópolis – Recife – São Paulo

  Vozes de Bolso

EDITORA VOZES LTDA.
Rua Frei Luís, 100 – Centro – Cep 25689-900 – Petrópolis, RJ
Tel.: (24) 2233-9000 – E-mail: vendas@vozes.com.br